BEI GRIN MACHT SICH IHR WISSEN BEZAHLT

- Wir veröffentlichen Ihre Hausarbeit,
  Bachelor- und Masterarbeit

- Ihr eigenes eBook und Buch -
  weltweit in allen wichtigen Shops

- Verdienen Sie an jedem Verkauf

Jetzt bei www.GRIN.com hochladen und kostenlos publizieren

Bibliografische Information der Deutschen Nationalbibliothek:

Die Deutsche Bibliothek verzeichnet diese Publikation in der Deutschen National-
bibliografie; detaillierte bibliografische Daten sind im Internet über http://dnb.d-
nb.de/ abrufbar.

Impressum:

Copyright © 2009 GRIN Verlag, Open Publishing GmbH
Druck und Bindung: Books on Demand GmbH, Norderstedt Germany
ISBN: 9783656446965

Dieses Buch bei GRIN:

http://www.grin.com/de/e-book/146712/fachpraktikumsbericht-mit-unterrichtsent-
wurf-im-fach-deutsch-in-der-grundschule

Yasmin Tosun

Fachpraktikumsbericht mit Unterrichtsentwurf im Fach Deutsch in der Grundschule, 1. Klasse

GRIN Verlag

GRIN - Your knowledge has value

Der GRIN Verlag publiziert seit 1998 wissenschaftliche Arbeiten von Studenten, Hochschullehrern und anderen Akademikern als eBook und gedrucktes Buch. Die Verlagswebsite www.grin.com ist die ideale Plattform zur Veröffentlichung von Hausarbeiten, Abschlussarbeiten, wissenschaftlichen Aufsätzen, Dissertationen und Fachbüchern.

Besuchen Sie uns im Internet:

http://www.grin.com/

http://www.facebook.com/grincom

http://www.twitter.com/grin_com

Bergische Universität Wuppertal

Wintersemester 2008/09

Begleitseminar zum Fachpraktikum Deutsch

Praktikumsbericht

Inhaltsverzeichnis

1. Einleitung

Die Schule, in welcher ich mein Praktikum absolviert habe, ist die 1. Klasse einer Grundschule und liegt in xxx, einem Vorort vom xxx-Kreis, welcher wiederum an Düsseldorf angrenzt. Es ist ein kleines Gebiet, in dem hauptsächlich wohlhabende Familien leben, jedoch wird diese Schule weitestgehend von der Mittelschicht und von Kindern, deren Familien Migranten sind, besucht, da sie ihren Wohnsitz in der Nähe haben.

Ich war damals auf derselben Schule, wobei in meiner Klasse nur drei Ausländerkinder waren.

In meiner Praktikumsklasse sind insgesamt 23 Kinder, unter denen sich acht Kinder mit Migrationshintergrund befinden. Die Klasse besteht aus 13 Mädchen und zehn Jungen. Ein Mädchen und ein Junge sind besonders auffällig, da sie durch ihr, meist störerisches Verhalten, die Aufmerksamkeit auf sich ziehen. Ansonsten verhalten sich die übrigen Schüler weitestgehend ruhig und scheinen sehr lernfreudig zu sein.

2. Unterrichtsentwurf

1. Reihenplanung

1.1 Thema der Unterrichtsreihe:

Wir lesen und bearbeiten eine Bilderbuchgeschichte hinsichtlich ihrer Lücken
Produktionsorientiertes Verfassen von Sätzen zu bestimmten Seiten eines Bilderbuches und anschließender Schlussfindung unter besonderer Berücksichtigung der Figur Kasimir.

1.2 Schwerpunktmäßig geförderte Kompetenzen der Unterrichtsreihe:

o SuS verstehen den Inhalt der Bildergeschichte und stellen Zusammenhänge zwischen Text und Bild her
o SuS wecken Interesse an Gesprächen
o SuS finden eigene Lösungsansätze
o SuS können sich in andere einfühlen

- o SuS üben das Schreiben freier Texte mit Hilfe der Buchstabentabelle
- o SuS können Rollen im szenischen Spiel gestalten

1.3 Aufbau der Reihe:

1. Stunde:

Produktionsorientierte Erarbeitung und Formulierung von Aussagen zu einem Abschnitt des Kinderbuches „Ein Job für Kater Kasimir" von Becky Bloom und Pascal Biet.

a.) *Kasimir sucht einen Job. Wer ist überhaupt Kasimir?* - Erarbeitung des Inhalts der Kinderbuchgeschichte durch Vorlesen und Klärung von Fragen (z.B. Was ist ein Job? Was sind Manieren?) und Entwicklung von Gesprächen.

b.) *Was passiert im Restaurant, in dem Kasimir arbeitet?* - Formulierung mindestens einer Aussage zu zwei Bilderseiten des Kinderbuches.

2. Stunde:

Produktionsorientierte Formulierung eines eigenen Schlusses zu dem Buch „Ein Job für Kater Kasimir" von Becky Bloom und Pascal Biet.

a.) *Hat Kasimir endlich einen Job gefunden?* - Erarbeitung des Inhalts durch Weiterlesen der Geschichte und Offenlassen des Endes.

b.) *Was denkst du, was aus Kasimir geworden ist?* - Kreative Erarbeitung und Formulierung eines eigenen Schlusses.

3. Stunde:

Handlungs- und Produktionsorientierte Erarbeitung eines Dialoges zwischen Kasimir und einem Arbeitgeber.

a.) *Stell dir vor, du bist Kasimir und suchst einen Job!* – Kreative Erarbeitung und Verfassen eines Dialoges zwischen Kasimir und seinem Arbeitgeber.

4. Stunde:

Gestaltung und Vorstellung des am Tag zuvor erarbeiteten Dialoges in Form eines szenischen Spiels.

a.) *Zeige uns deinen Dialog im Form eines Rollenspiels!* – Handlungsorientierte Darstellung des erarbeiteten Dialogs durch Vorstellen in der Klasse

4

2. Unterrichtsstunde

2.1 Thema der 1. Unterrichtsstunde:

Kasimir sucht einen Job. Wer ist Kasimir? - Erarbeitung des Inhalts der Kinderbuchgeschichte durch Vorlesen und Klärung von Fragen (z. B. Was ist ein Job? Was sind Manieren?) und Entwicklung von Gesprächen mit anschließender Formulierung mindestens einer Aussage zu zwei Bilderseiten des Kinderbuches.

2.2 Geförderte Kompetenzen:

Kompetenz:	Erläuterung:
Sprechen und Zuhören : Interesse an Gesprächen entwickeln	SuS können eigene Erlebnisse und Erfahrungen in das Gespräch einbringen
Sprechen und Zuhören : Sprechanlässe kennen und nutzen	SuS können Geschichten erzählen, indem sie diese aus verschiedenen Medien, in diesem Fall der beiden Seiten mit Bildern, schreiben
Sprechen und Zuhören : Sprechen und Zuhören bewusst gestalten	SuS können Unverstandenes klären, indem sie ihnen unbekannte Wörter nachfragen
Lesen – mit Texten und Medien umgehen: Lesetechniken und –strategien ausbilden	SuS können Vermutungen erstellen, indem sie sich auf die Illustrationen beziehen
Schreiben – Texte verfassen/Rechtschreiben: Schreibanlässe kennen und nutzen	SuS können Geschichten erzählen, indem sie den Erzählimpuls der Illustrationen nutzen
Schreiben – Texte verfassen/Rechtschreiben: Schreibprozesse bewusst gestalten	SuS können Texte lesbar in Druckschrift schreiben, indem sie auf die Lesbarkeit achten

Schreiben – Texte verfassen/Rechtschreiben: Richtig schreiben	SuS können eigene Texte lautorientiert aufschreiben und sich an Modellwörtern orientieren, indem sie den Lauten Buchstaben zuordnen

2.3 Verlaufsplan

Unterrichtsphase/ Unterrichtsschritt	Sach- und Verhaltensaspekt	Sozialformen/ Handlungsmuster	Medien
Einstieg/ Hinführung zum Thema	Begrüßung. L. nennt das Thema der Stunde: *Kasimir sucht einen Job. Wer ist überhaupt Kasimir?* L. zeigt die Vorderseite des Buches und fordert SuS auf, sich zur Abbildung zu äußern. SuS äußern sich. L. nennt den Begriff „Job" und fragt SuS was dieser Begriff bedeutet. SuS erklären ihn.	L-Beitrag Sitzkreis KU SuS-Beitrag L-Beitrag SuS-Beitrag	Kinderbuch
Erarbeitung I	L. liest erste Seiten der Kurzgeschichte, indem es SuS immer wieder die Bilder dazu zeigt. Schüler äußern sich zu einigen Bildern und stellen Fragen bei nicht verstandenen Wörtern. L. fordert SuS auf, zu zwei illustrierten Seiten des Buches mindestens einen Satz zu schreiben und die Seiten zu bearbeiten, indem sie wichtige Sachen	L-Beitrag Sitzkreis KU SuS-Beitrag L-Beitrag EA	Kinderbuch Arbeitsblatt

	hervorheben.		
Präsentation I	L. fordert SuS auf, einige Entwürfe vorzulesen.	L-Beitrag SuS-Beitrag	Hefte
Ergebnissicherung	L. fasst mit SuS zusammen, welche Begriffe wichtig gewesen sind.	L-Beitrag SuS-Beitrag KU	Arbeitsblatt
	Sollbruchstelle		
Vertiefung	SuS hängen ihre Arbeitsblätter an die Wand		

Als Hausaufgabe hatten die Kinder auf, sich bei den Eltern zu informieren, wie sie zu Ihrem „Job" gekommen sind, damit wir in der vierten Stunde das Rollenspiel gestalten können.

3. Reflexion

Auch wenn ich vor der Unterrichtsplanung geglaubt habe, einen guten Unterricht geplant zu haben, fallen mir im Nachhinein viele Fehler auf. Da das Thema „Job" noch nicht im Unterricht durchgenommen wurde, hatten die Kinder große Schwierigkeiten sich ein Gespräch zwischen Arbeitgeber und Arbeitnehmer vorzustellen. Daher gab es einige Probleme bei der Gestaltung des Rollenspiels. Meistens kamen dann nur Aussagen wie: „Ich möchte den Job." Und „OK. Du darfst arbeiten.", was ich vorher besser hätte planen müssen. Ich sollte vorher mit den Kindern klären, was sie in ein Arbeitsgespräch einbringen sollen, wie etwa, Fähigkeiten des Arbeitnehmers und Bedingungen des Arbeitgebers.

Ein anderer Kritikpunkt ist die Hausaufgabe, welche ich gegeben habe. Ich hätte sie lieber nach der zweiten Stunde geben sollen, da wir dann in der dritten Stunde darüber reden und danach den Dialog formulieren könnten. Wahrscheinlich wäre das Wissen dazu noch parat gewesen. So hatte ich den Eindruck, als hätten die SuS vergessen, was sie am Vortag mit Ihren Eltern über ihre Arbeit diskutiert haben, obwohl wir einen Tag vorher auf die Fragen eingegangen sind, wie: „Haben Sie deinen Vater direkt eingestellt?" oder „Was hat die Arbeitsstelle deiner Mutter gesagt, was sie da machen muss?"

Bei der zweiten Unterrichtsstunde, der Freilassung des Endes und Formulierung eines eigenen Schlusses, sind bessere Ergebnisse zustande gekommen, als ich erwartet hatte. Ich dachte, viele Schüler werden keinen vollständigen Satz zusammenbekommen, jedoch wurde ich positiv überrascht, als viele sogar zwei Sätze aufgeschrieben haben. Das lag wahrscheinlich daran, dass ich die Klasse erst eine Woche kannte und sie somit nicht gut einschätzen konnte.

Die Schule hat die Anlauttabelle nach Reichen benutzt, welches sehr gute Effekte bei den Schülern erzielt hat, wie ich meine. Sie konnten viele Sätze so schreiben, dass ich erkennen konnte, was es heißen soll. Nach einem halben Jahr Schule finde ich das eine gute Leistung.

Auch haben die SuS Lese- und Schreibpässe benutzt, was ich jedoch nicht ganz empfehlenswert finde. Wie ich beobachtet habe, haben viele Schüler voneinander abgeschrieben oder sich während dieser Freiarbeitszeit mit anderen Sachen beschäftigt, die nicht zum Unterricht gehören, so dass ich nicht positiv zu dieser Methode stehen kann.

Das Praktikum hat meine Einstellung zum späteren Beruf gänzlich geändert. Während ich zu Beginn dachte, dass die Unterrichtsplanung nicht so viel Zeit in Anspruch nimmt, wurde ich in diesem Praktikum vom Gegenteil überzeugt. Einen Unterricht so zu planen, dass der Einstieg, die Arbeitsphase und die Sicherung einigermaßen gut sind, ist wirklich schwer zu organisieren, welches mir am Ende des Praktikums noch mal bewusst wurde. Andererseits liebe ich Herausforderungen, deshalb motiviert das Ganze mich nur noch mehr, diesen Beruf auszuüben.

Was mich bei diesem Praktikum jedoch irritiert hat, ist, dass Lehrer schon bei Schülern im 2. Schuljahr sagen können, in welche weiterführende Schule es wahrscheinlich später gehen wird. Ich fand diese Einstellung etwas voreingenommen und auch etwas schade, da ich denke, dass die Schüler im 2. Schuljahr noch nicht so eine Einstellung verdient haben. In der Hinsicht war ich etwas enttäuscht. Natürlich kann es aber auch an der Schule liegen, an der ich tätig war, da ich bei meinen vorherigen Praktika nicht auf solch eine Erfahrung gestoßen bin.